AF188214

Impressum
Verlag: BABADADA GmbH, Nedderfeld 112 , 22529 Hamburg
Geschäftsführer / Verlagsleitung: Harald Hof
Druck: Books on Demand GmbH, In de Tarpen 42, 22848 Norderstedt

Imprint
Publisher: BABADADA GmbH, Nedderfeld 112 , 22529 Hamburg, Germany
Managing Director / Publishing direction: Harald Hof
Print: Books on Demand GmbH, In de Tarpen 42, 22848 Norderstedt, Germany

škola
Šola

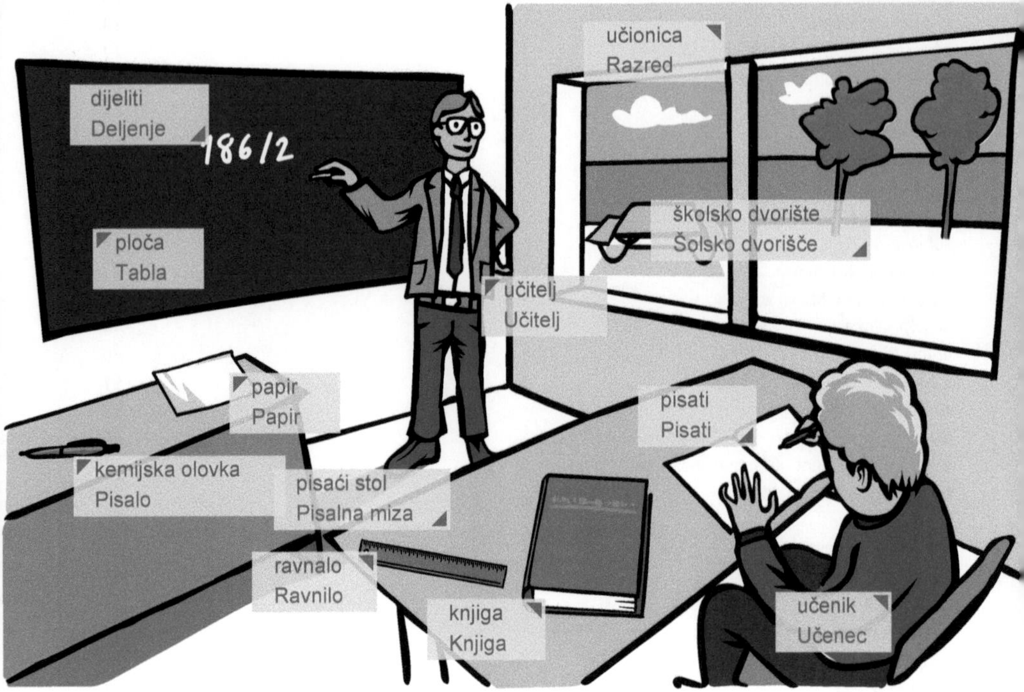

učionica
Razred
dijeliti
Deljenje
186/2
ploča
Tabla
školsko dvorište
Šolsko dvorišče
učitelj
Učitelj
papir
Papir
pisati
Pisati
kemijska olovka
Pisalo
pisaći stol
Pisalna miza
ravnalo
Ravnilo
knjiga
Knjiga
učenik
Učenec

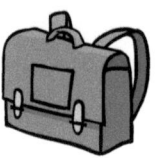

torba
Šolska torba

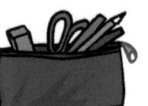

pernica
Peresnica

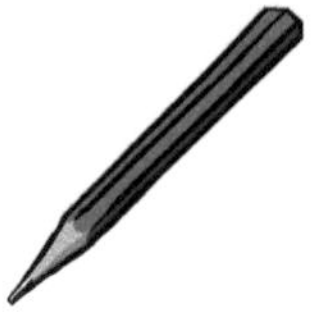

grafitna olovka
Svinčnik

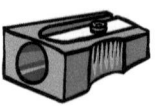

šiljilo za olovke
Šilček

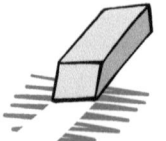

gumica za brisanje
Radirka

blok za crtanje
Risalni blok

crtež

Risba

kist

Čopič

kutija s bojama

Vodene barvice

makaze

Škarje

ljepilo

Lepilo

bilježnica

Zvezek

domaći zadatak

Domača naloga

broj

Število

sabirati

Seštevanje

oduzimati

Odštevanje

množiti

Množenje

računati

Računanje

slovo

Črka

abeceda

Abeceda

riječ

Beseda

tekst

Besedilo

čitati

Brati

kreda

Kreda

sat

Učna ura

dnevnik

Redovalnica

ispit

Preizkus znanja

svjedodžba

Spričevalo

školska uniforma

Šolska uniforma

obrazovanje

Izobrazba

leksikon

Enciklopedija

sveučilište

Univerza

mikroskop

Mikroskop

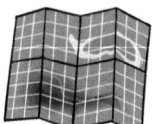

karta

Zemljevid

košara za papir

Koš za smeti

škola - Šola

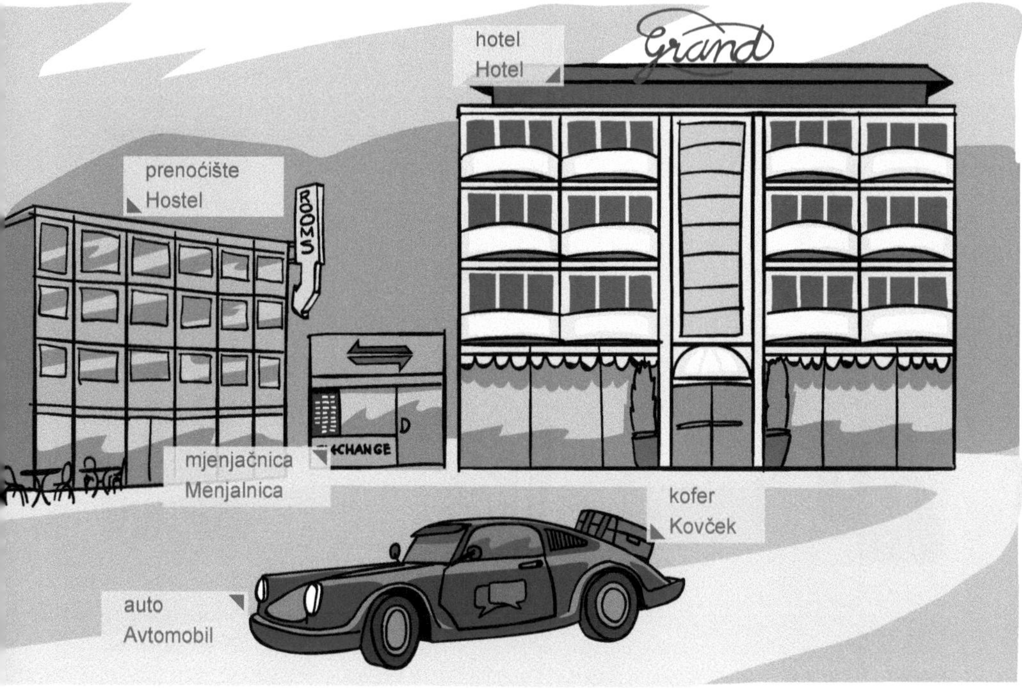

hotel
Hotel
Grand
prenoćište
Hostel
ROOMS
mjenjačnica
Menjalnica
kofer
Kovček
auto
Avtomobil

jezik
Jezik

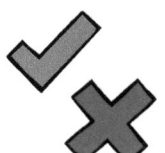

da / ne
da / ne

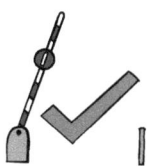

okay
Prav

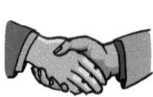

zdravo
Pozdravljeni

prevoditelj
Prevajalec

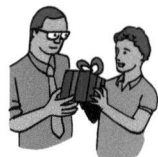

hvala
Hvala

Koliko košta...?

Koliko stane...?

ne razumijem

Ne razumem

problem

Težava

dobro veče!

Dober večer!

Dobro jutro!

Dobro jutro!

Laku noć!

Lahko noč!

doviđenja

Nasvidenje

smjer

Smer

prtljaga

Prtljaga

torba

Torba

ruksak

Nahrbtnik

gost

Gost

soba

Soba

vreća za spavanje

Spalna vreča

šator

Šotor

turističke informacije

Turistične informacije

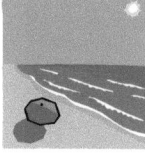

plaža

Plaža

kreditna kartica

Kreditna kartica

doručak

Zajtrk

ručak

Kosilo

večera

Večerja

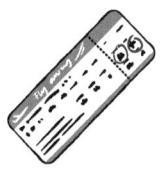

karta za vožnju

Vozovnica

dizalo

Dvigalo

poštanska markica

Znamka

granica

Meja

carina

Carina

ambasada

Veleposlaništvo

viza

Vizum

putovnica

Potni list

transport
Prevoz

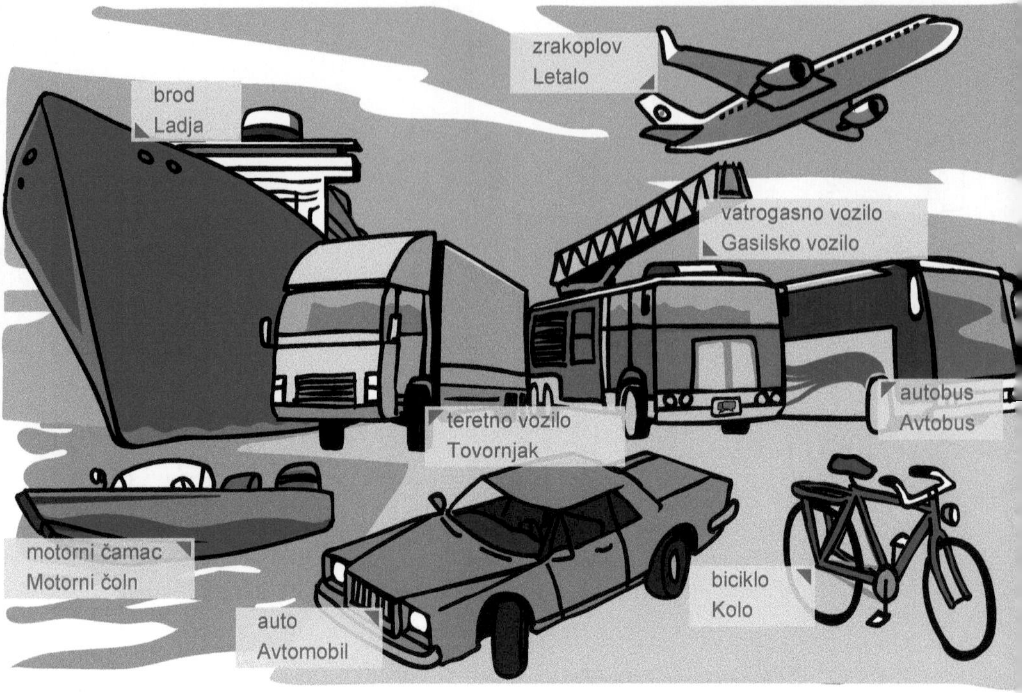
zrakoplov
Letalo
brod
Ladja
vatrogasno vozilo
Gasilsko vozilo
teretno vozilo
Tovornjak
autobus
Avtobus
motorni čamac
Motorni čoln
biciklo
Kolo
auto
Avtomobil

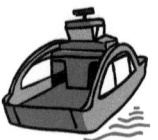

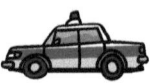

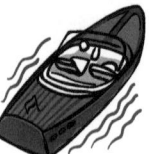

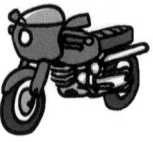

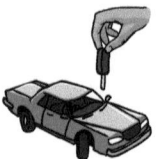

trajekt

Trajekt

čamac

Čoln

motocikl

Motorno kolo

policijski auto

Policijski avto

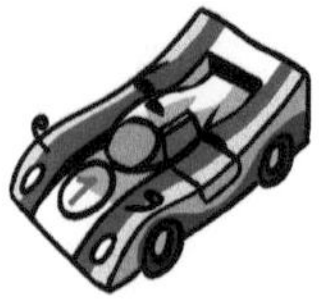

trkaći auto

Dirkalni avto

iznajmljeno auto

Najeto vozilo

dijeljenje automobila

Souporaba avtomobila

vučno vozilo

Avtovleka

vozilo za odvoz smeća

Smetarsko vozilo

motor

Motor

benzin

Gorivo

benzinska postaja

Bencinska postaja

prometni znak

Prometni znak

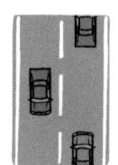

promet

Promet

zastoj

Zastoj

parkiralište

Parkirišče

kolodvor

Železniška postaja

šine

Tirnice

vlak

Vlak

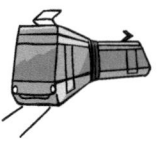

tramvaj

Tramvaj

vagon

Vagon

helikopter

Helikopter

zrakoplovna luka

Letališče

toranj

Stolp

putnik

Potnik

kontejner

Kontejner

karton

Karton

kolica

Voziček

košara

Košara

uzletjeti / sletjeti

vzleteti / pristati

grad

Mesto

selo

Vas

centar grada

Mestno jedro

kuća

Hiša

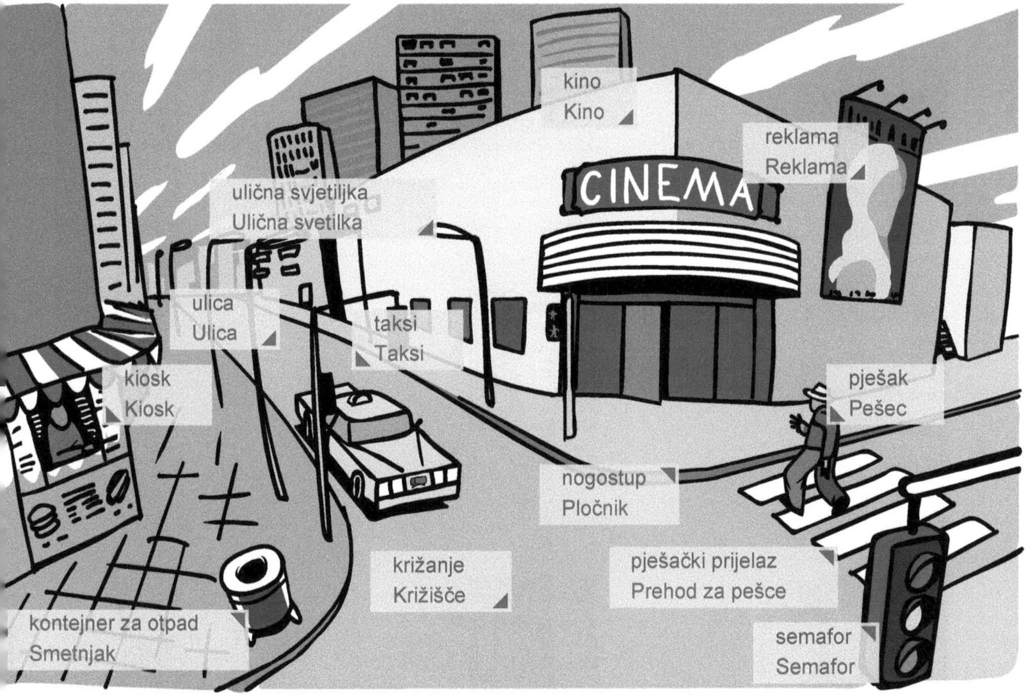
CINEMA
kino
Kino
reklama
Reklama
ulična svjetiljka
Ulična svetilka
ulica
Ulica
taksi
Taksi
kiosk
Kiosk
pješak
Pešec
nogostup
Pločnik
križanje
Križišče
pješački prijelaz
Prehod za pešce
kontejner za otpad
Smetnjak
semafor
Semafor

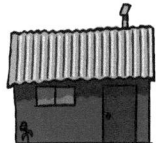

koliba

Koča

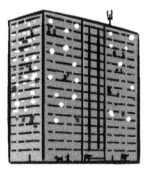

stan

Stanovanje

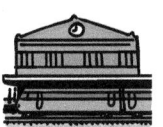

kolodvor

Železniška postaja

vijećnica

Mestna hiša

MUSEUM

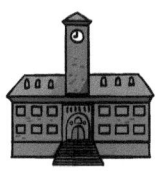

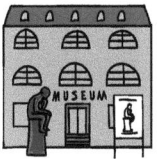

muzej

Muzej

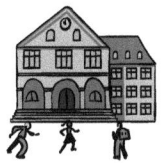

škola

Šola

sveučilište

Univerza

banka

Banka

bolnica

Bolnišnica

hotel

Hotel

ljekarna

Lekarna

ured

Pisarna

knjižara

Knjigarna

prodavaonica

Trgovina

cvjećara

Cvetličarna

supermarket

Supermarket

trg

Tržnica

robna kuća

Veleblagovnica

ribarnica

Ribarnica

trgovački centar

Nakupovalno središče

luka

Pristanišče

park
Park

klupa
Klop

most
Most

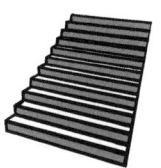

stepenice
Stopnice

podzemna željeznica
Podzemna železnica

tunel
Predor

autobusna stanica
Avtobusno postajališče

bar
Bar

restoran
Restavracija

poštansko sanduče
Poštni nabiralnik

ulični znak
Ulična tabla

parkirni sat
Parkirna ura

zoološki vrt
Živalski vrt

bazen
Kopališče

džamija
Mošeja

seosko gazdinstvo
Kmetija

zagađenje okoliša
Onesnaževanje

groblje
Pokopališče

crkva
Cerkev

igralište
Otroško igrišče

hram
Tempelj

krajolik
Pokrajina

list
List

putokaz
Kažipot

put
Pot

livada
Travnik

kamen
Kamen

drvo
Drevo

šetač
Pohodnik

rijeka
Reka

trava
Trava

cvijet
Cvetlica

dolina
....
Dolina

planina
....
Hrib

jezero
....
Jezero

šuma
....
Gozd

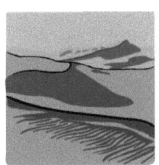

pustinja
....
Puščava

vulkan
....
Vulkan

dvorac
....
Grad

duga
....
Mavrica

gljiva
....
Goba

palma
....
Palma

moskito
....
Komar

muha
....
Muha

mrav
....
Mravlja

pčela
....
Čebela

pauk
....
Pajek

krajolik - Pokrajina

buba

Hrošč

žaba

Žaba

vjeverica

Veverica

jež

Jež

zec

Zajec

sova

Sova

ptica

Ptič

labud

Labod

divlja svinja

Divji prašič

jelen

Jelen

los

Los

nasip

Jez

vjetrenjača

Vetrnica

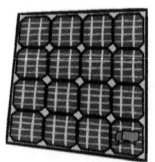

solarna ploča

Solarna plošča

klima

Podnebje

konobar
Natakar

jelovnik
Jedilnik

stolica
Stol

supa
Juha

pica
Pica

pribor za jelo
Pribor

stolnjak
Prt

predjelo
....
Predjed

glavno jelo
....
Glavna jed

desert
....
Sladica

napitci
....
Pijače

jelo
....
Hrana

boca
....
Steklenica

fastfood

Hitra hrana

imbis hrana

Ulična hrana

čajnik

Čajnik

doza za šećer

Sladkornica

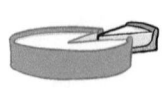

porcija

Porcija

aparat za espresso

Aparat za espresso

visoka stolica

Stolček za hranjenje

račun

Račun

pladanj

Pladenj

nož

Nož

vilica

Vilica

žlica

Žlica

čajna žlica

Čajna žlička

ubrus

Servieta

čaša

Kozarec

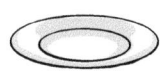

tanjur
Krožnik

tanjur za supu
Globoki krožnik

tanjurić
Krožniček

sos
Omaka

soljenka
Solnica

mlin za biber
Mlinček za poper

ocat
Kis

ulje
Olje

začini
Začimbe

kečap
Kečap

senf
Gorčica

majoneza
Majoneza

supermarket
Supermarket

ponuda
Posebna ponudba
kupac
Stranka
mliječni proizvodi
Mlečni izdelki
voće
Sadje
kolica za kupnju
Nakupovalni voziček
FOR

BUTCHERS

mesnica

Mesnica

BAKERY

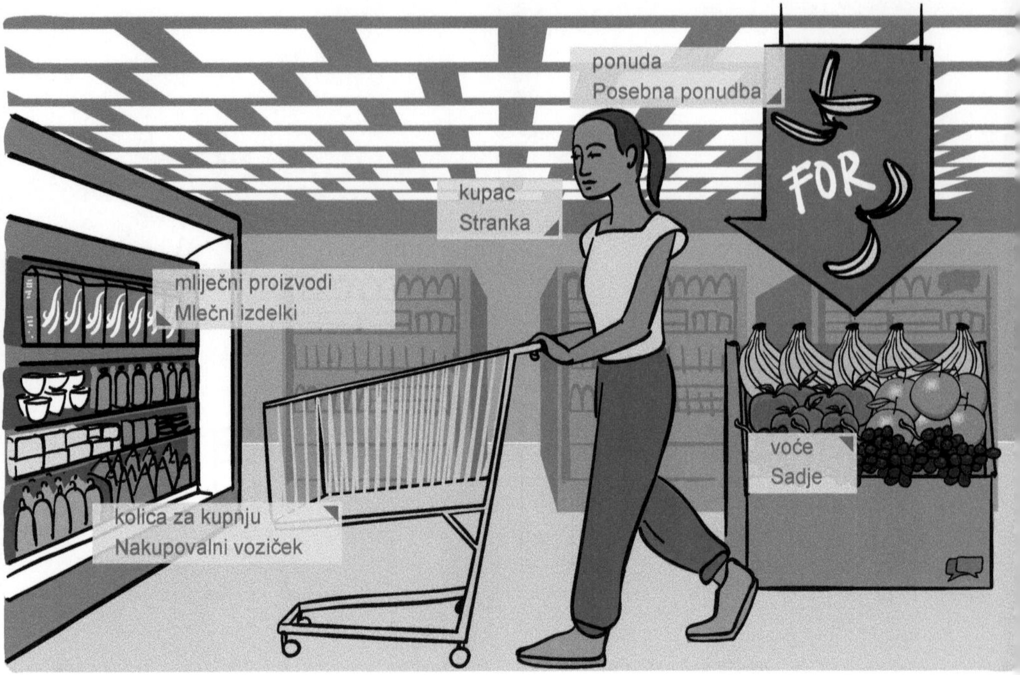

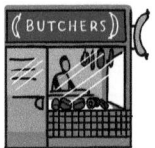

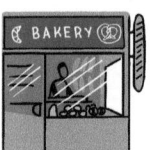

pekarnica

Pekarna

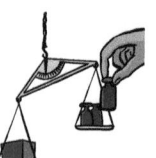

vagati

Tehtati

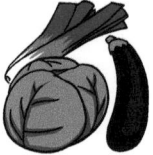

povrće

Zelenjava

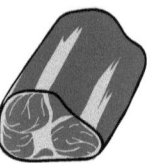

meso

Meso

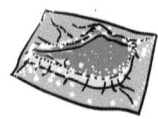

duboko smrznuta hrana

Zamrznjena hrana

narezak

Hladne mesnine

konzerve

Konzerve

sredstvo za pranje

Pralni prašek

slatkiši

Sladkarije

artikli za domaćinstvo

Gospodinjski izdelki

sredstva za čišćenje

Čistilno sredstvo

prodavačica

Prodajalka

blagajna

Blagajna

blagajnik

Blagajnik

lista za kupnju

Nakupovalni seznam

vrijeme rada

Delovni čas

novčanik

Denarnica

kreditna kartica

Kreditna kartica

torba

Torba

plastična vrećica

Plastična vrečka

voda	sok	mlijeko
Voda	Sok	Mleko

cola	vino	pivo
Kola	Vino	Pivo

alkohol	kakao	čaj
Alkohol	Kakav	Čaj

kava	espresso	cappuccino
Kava	Espresso	Kapučino

banana

Banana

jabuka

Jabolko

naranča

Pomaranča

lubenica

Lubenica

limun

Limona

mrkva

Korenje

češnjak

Česen

bambus

Bambus

luk

Čebula

gljiva

Goba

orašasti plodovi

Oreščki

rezanci

Rezanci

špagete

Špageti

riža

Riž

salata

Solata

pomfrit

Ocvrt krompirček

pečeni krumpir

Pečen krompir

pica

Pica

hamburger

Hamburger

sendvič

Sendvič

šnicla

Zrezek

pršut

Šunka

salama

Salama

kobasica

Klobasa

kokoš

Piščanec

pečenje

Pečenka

riba

Riba

zobene pahuljice
Ovseni kosmiči

musli
Musli

kukuruzne pahuljice
Koruzni kosmiči

brašno
Moka

roščić
Rogljiček

pecivo
Žemlja

kruh
Kruh

toast
Prepečenec

keksi
Piškoti

maslac
Maslo

svježi sir
Skuta

kolač
Torta

jaje
Jajce

jaje na oko
Pečeno jajce na oko

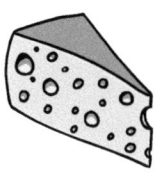

sir
Sir

sladoled

Sladoled

šećer

Sladkor

med

Med

marmelada

Marmelada

nugat krema

Čokoladni namaz

curry

Kari

seosko gazdinstvo
Kmetija

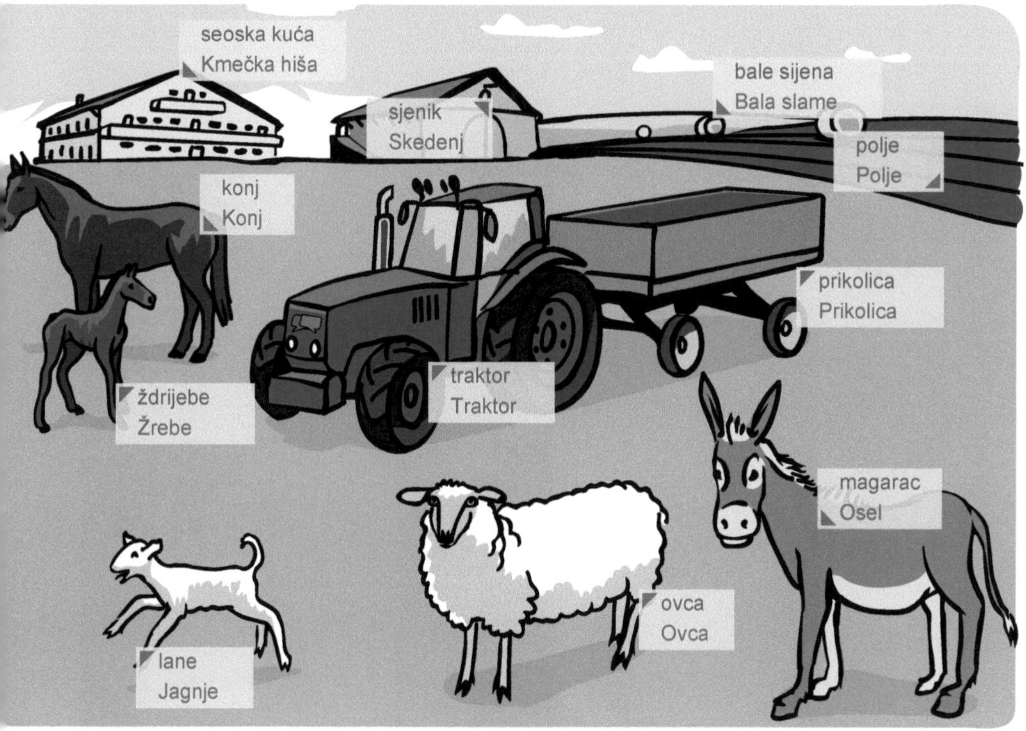
seoska kuća
Kmečka hiša
sjenik
Skedenj
bale sijena
Bala slame
polje
Polje
konj
Konj
prikolica
Prikolica
traktor
Traktor
ždrijebe
Žrebe
magarac
Osel
ovca
Ovca
lane
Jagnje

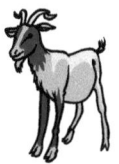

koza

Koza

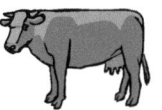

krava

Krava

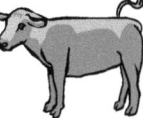

tele

Tele

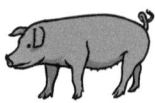

svinja

Prašič

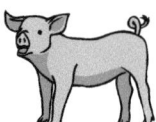

prase

Pujsek

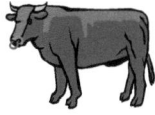

bik

Bik

guska

Gos

patka

Raca

pilići

Piščanec

kokoš

Kokoš

pijetao

Petelin

pacov

Podgana

mačka

Mačka

miš

Miš

vol

Vol

pas

Pes

kućica za psa

Pasja uta

vrtno crijevo

Cev za zalivanje

kanta za polijevanje

Kangla za zalivanje

kosa

Kosa

plug

Plug

srp

Srp

motika

Motika

vilica za gnojivo

Vile

sjekira

Sekira

tačke

Samokolnica

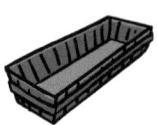

korito

Korito

posuda za mlijeko

Kangla za mleko

vreća

Vreča

ograda

Ograja

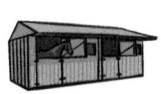

štala

Hlev

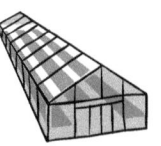

staklenik

Rastlinjak

zemlja

Prst

sjeme

Seme

gnojivo

Gnojilo

kombajn

Kombajn

žanjati

Žeti

žetva

Žetev

yams začin

Jam

pšenica

Pšenica

soja

Soja

krumpir

Krompir

kukuruz

Koruza

uljana repica

Oljna ogrščica

voćka

Sadno drevo

gomolj manioke

Maniok

žitarice

Žito

kuća
Hiša

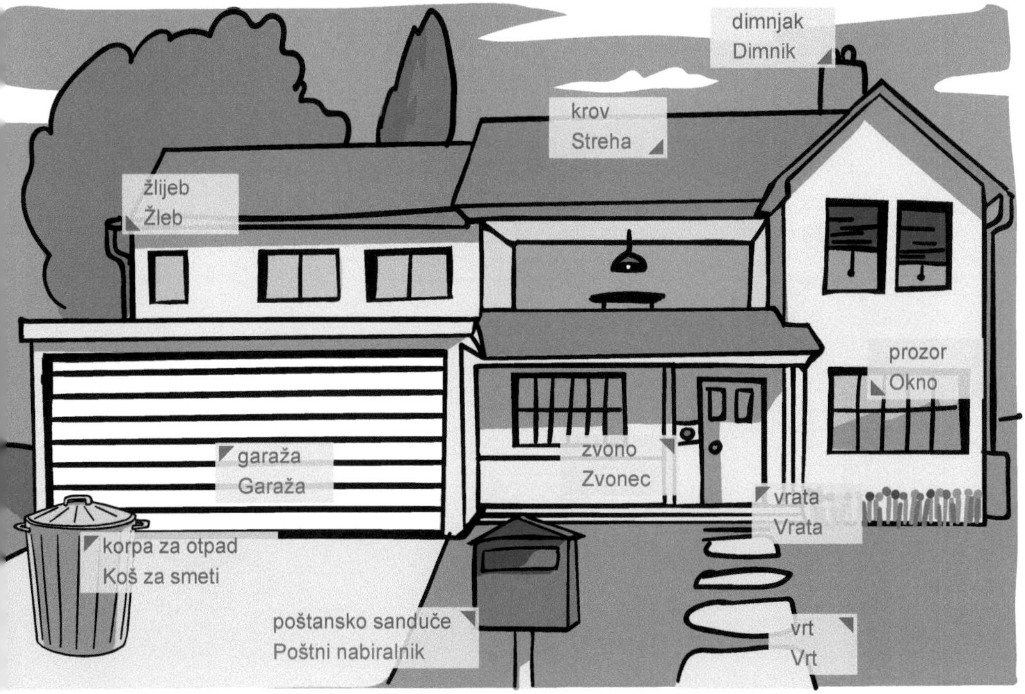
dimnjak
Dimnik
krov
Streha
žlijeb
Žleb
prozor
Okno
zvono
Zvonec
garaža
Garaža
vrata
Vrata
korpa za otpad
Koš za smeti
poštansko sanduče
Poštni nabiralnik
vrt
Vrt

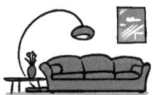

dnevna soba
Dnevna soba

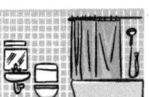

kupaonica
Kopalnica

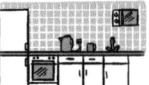

kuhinja
Kuhinja

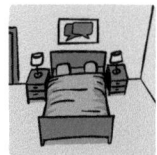

spavaća soba
Spalnica

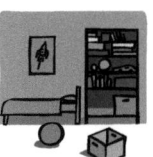

dječija soba
Otroška soba

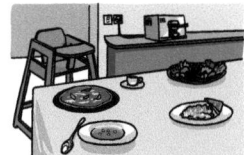

trpezarija
Jedilnica

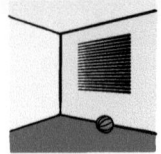

pod

Tla

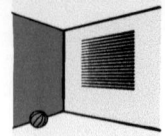

zid

Stena

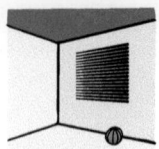

strop

Strop

podrum

Klet

sauna

Savna

balkon

Balkon

terasa

Terasa

bazen

Bazen

kosilica za travu

Kosilnica

posteljina za krevet

Rjuha

deka za krevet

Posteljno pregrinjalo

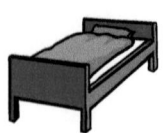

krevet

Postelja

metla

Metla

kanta

Vedro

sklopka

Stikalo

dnevna soba
Dnevna soba

tapeta
Tapeta
slika
Slika
svjetiljka
Svetilka
regal
Polica
ormar
Omara
televizija
Televizor
kamin
Kamin
cvijet
Cvetlica
jastuk
Blazina
kauč
Zofa
vaza
Vaza
daljinski upravljač
Daljinski upravljalnik

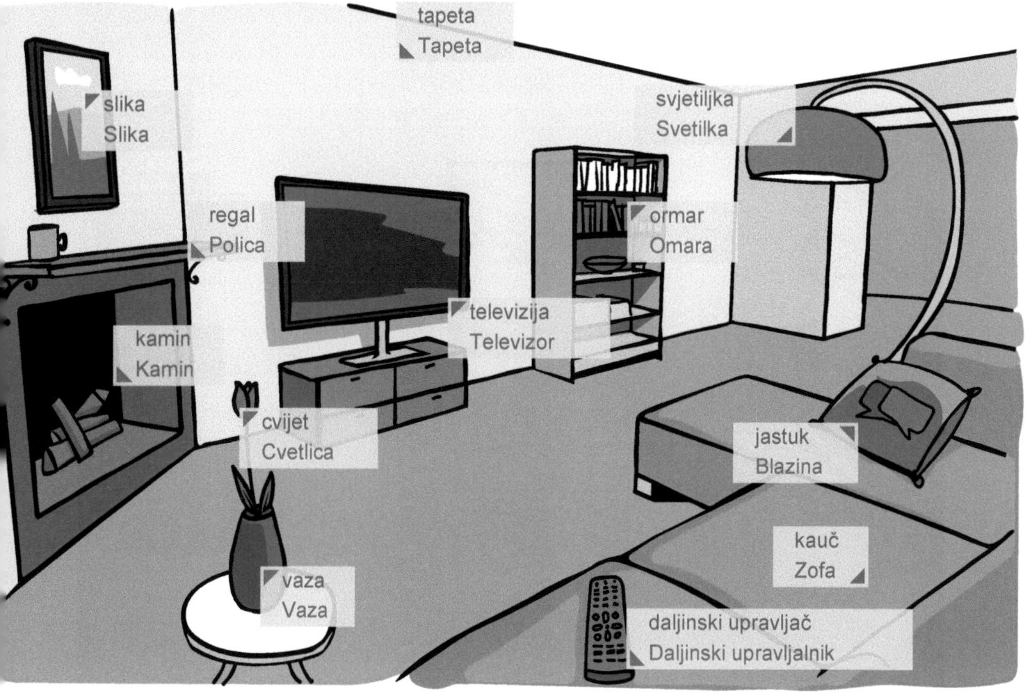

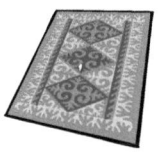

tepih
Preproga

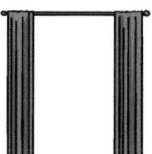

zavjesa
Zavesa

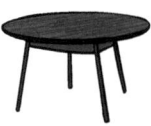

stol
Miza

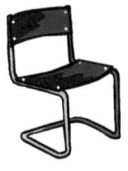

stolica
Stol

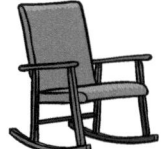

stolica za njihanje
Gugalnik

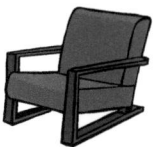

fotelja
Naslanjač

knjiga

Knjiga

deka

Odeja

dekoracija

Dekoracija

drvo za ogrjev

Drva

film

Film

stereo uređaj

Glasbeni stolp

ključ

Ključ

novine

Časopis

slika na platnu

Slika

poster

Plakat

radio

Radio

blok za pisanje

Beležka

usisavač

Sesalnik

kaktus

Kaktus

svijeća

Sveča

kuhinja
Kuhinja

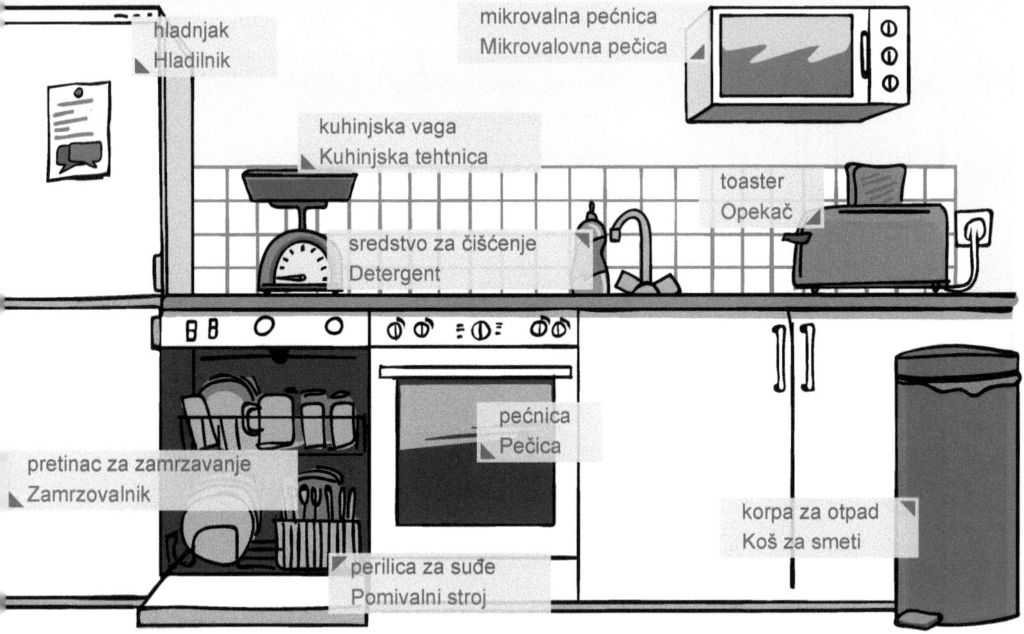
hladnjak
Hladilnik
mikrovalna pećnica
Mikrovalovna pečica
kuhinjska vaga
Kuhinjska tehtnica
toaster
Opekač
sredstvo za čišćenje
Detergent
pećnica
Pečica
pretinac za zamrzavanje
Zamrzovalnik
korpa za otpad
Koš za smeti
perilica za suđe
Pomivalni stroj

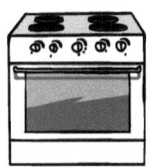

štednjak

Kozica

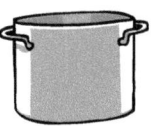

lonac

Lonec

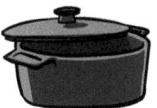

željezni lonac

Litoželezni lonec

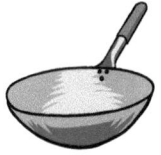

wok / kadai

Vok / kadai

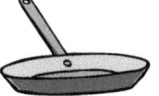

tava

Ponev

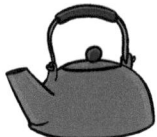

kuhalo za vodu

Kotliček

kuhalo na paru

Parni kuhalnik

lim za pečenje

Pekač

posuđe

Posoda

čaša

Skodelica

zdjela

Skleda

štapići za jelo

Jedilne paličice

kutljača

Zajemalka

lopatica

Lopatica

pjenjača

Metlica

sito za kuhanje

Cedilnik

sito

Cedilo

ribež

Strgalo

mužar

Možnar

roštilj

Žar

ognjište

Ognjišče

daska
Deska za rezanje

oklagija
Valjar

vadičep
Odpirač za steklenice

konzerva
Pločevinka

otvarač konzervi
Odpirač za konzerve

krpa za lonac
Prijemalka za posodo

sudoper
Korito

četka
Ščetka

spužva
Goba

mikser
Mešalnik

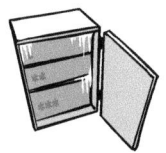

zamrzivač
Zamrzovalna skrinja

bočica za bebe
Steklenička

slavina za vodu
Pipa

kupaonica
Kopalnica

grijanje
Ogrevanje
ručnik
Brisača
tuš
Prha
zavjesa za tuš
Zavesa za prho
pjenušava kupka
Peneča kopel
kada
Kopalna kad
čaša
Kozarec
perilica za rublje
Pralni stroj
slavina za vodu
Pipa
pločice
Ploščice
dječja kahlica
Kahlica
sudoper
Korito

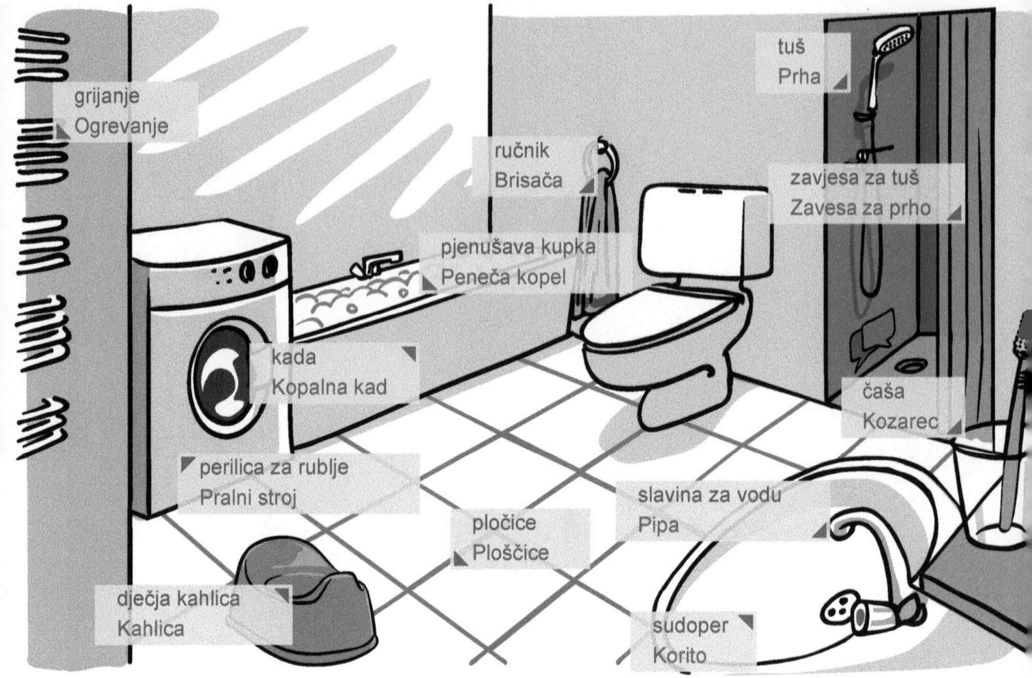

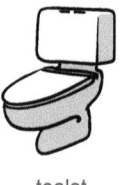

toalet
Stranišče

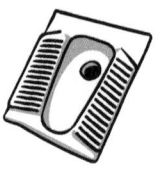

čučavac
Stranišče na počep

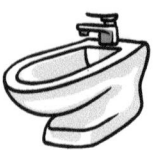

bidet
Bide

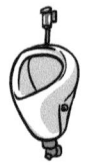

pisoar
Pisoar

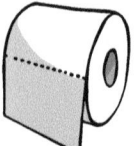

papir za toalet
Toaletni papir

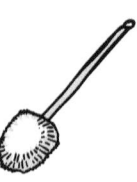

četka za toalet
Ščetka za straniščno školjko

četkica za zube

Zobna ščetka

pasta za zube

Zobna pasta

konac za zube

Zobna nitka

prati

Umiti se

tuš ručica

Ročna prha

tuš za pranje intimnih dijelova

Prha za intimne dele

lavor

Umivalnik

četka za pranje leđa

Krtača za hrbet

sapun

Milo

gel za tuširanje

Gel za prhanje

šampon

Šampon

krpa za pranje

Krpica za miljenje

odvod

Odtok

krema

Krema

dezodorans

Deodorant

ogledalo

Ogledalo

kozmetičko ogledalo

Ročno ogledalo

brijač

Britvica

pjena za brijanje

Pena za britje

losion za poslije brijanja

Vodica po britju

češalj

Glavnik

četka

Ščetka

sušilo za kosu

Sušilnik za lase

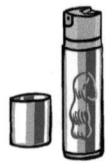

sprej za kosu

Lak za lase

makeup

Ličila

ruž za usne

Šminka

lak za nokte

Lak za nohte

vata

Vatirane blazinice

škare za nokte

Škarjice za nohte

parfem

Parfum

neseser
Toaletna torbica

stolica
Stol brez naslonjala

vaga
Osebna tehtnica

ogrtač
Kopalni plašč

rukavice za čišćenje
Gumijaste rokavice

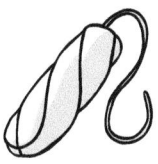

tampon
Tampon

uložak
Damski vložki

kemijski toalet
Kemično stranišče

dječija soba
Otroška soba

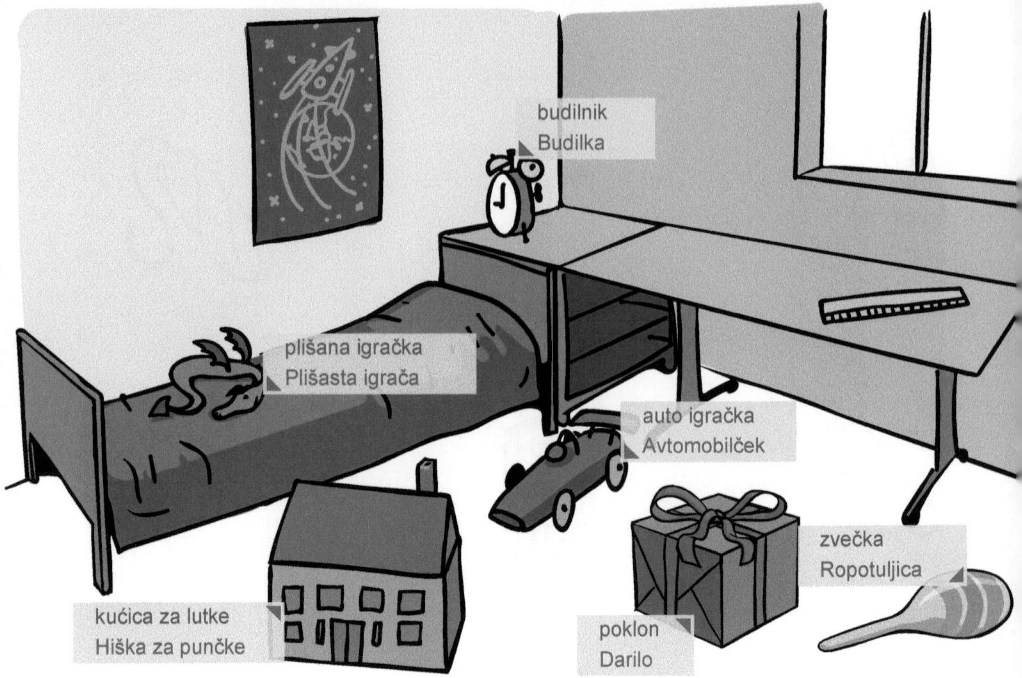

budilnik
Budilka
plišana igračka
Plišasta igrača
auto igračka
Avtomobilček
zvečka
Ropotuljica
kućica za lutke
Hiška za punčke
poklon
Darilo

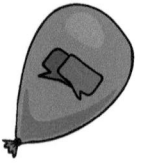

balon

Balon

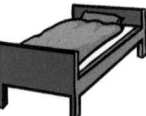

krevet

Postelja

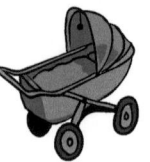

dječija kolica

Otroški voziček

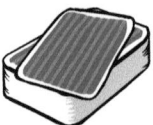

igra s kartama

Igralne karte

slagalica

Sestavljanka

SUPER MEGA

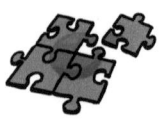

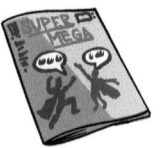

strip

Strip

lego kockice

Lego kocke

kockice za slaganje

Igralne kocke

akcioni junak

Akcijska figura

kombinezon za bebe

Bodi

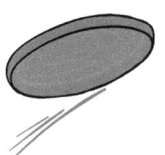

frizbi

Frizbi

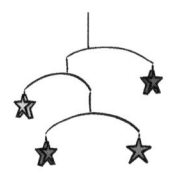

viseće igračke

Vrtiljak za posteljico

društvene igre

Namizna igra

kocka

Kocka

minijaturna željeznica

Komplet modelov vlakov

duda

Duda

tulum

Zabava

slikovnica

Slikanica

lopta

Žoga

lutka

Lutka

igrati

Igrati se

pješčanik

Peskovnik

ljuljačka

Gugalnica

igračka

Igrače

konzola za igre

Igralna konzola

tricikl

Tricikel

plišani medo

Plišasti medvedek

ormar

Garderoba

odjeća
Oblačilo

kratke čarape

Nogavice

čarape

Samostoječe nogavice

hulahopke

Hlačne nogavice

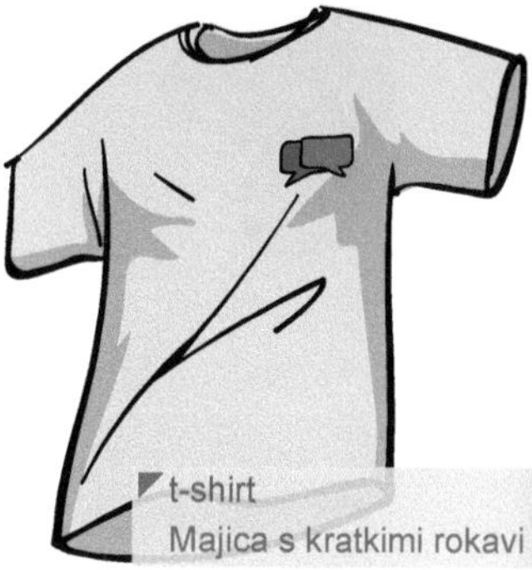

šal
Šal

kaiš
Pas

kišobran
Dežnik

t-shirt
Majica s kratkimi rokavi

čizme
Škornji

papuče
Copati

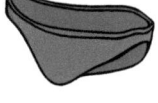
patike
Športni copati

sandale	cipele	gumene čizme
Sandali	Čevlji	Gumijasti škornji

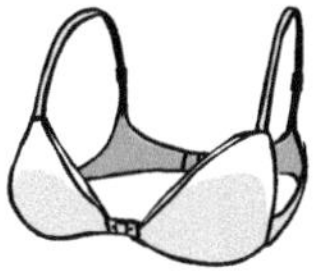

gaćice	grudnjak	potkošulja
Spodnje hlače	Modrček	Telovnik

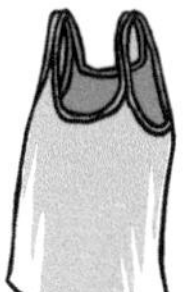

bodi

Bodi

hlače

Hlače

džins

Kavbojke

haljina

Krilo

bluza

Bluza

košulja

Srajca

džemper

Pulover

pulover s kapuljačom

Pletena jopica

blejzer

Jopa

jakna

Jakna

kaput

Plašč

kabanica

Dežni plašč

kostim

Kostim

haljina

Obleka

vjenčanica

Poročna obleka

odijelo

Obleka

spavaćica

Spalna srajca

pidžama

Pižama

sari

Sari

rubac

Naglavna ruta

turban

Turban

burka

Burka

kaftan

Kaftan

abaja

Abaja

kupaći kostim

Kopalke

kupaće gaćice

Kopalne hlače

kratke hlače

Kratke hlače

odjeća za trening

Trenirka

pregača

Predpasnik

rukavice

Rokavice

gumb

Gumb

naočale

Očala

narukvica

Zapestnica

ogrlica

Verižica

prsten

Prstan

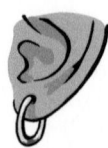

naušnica

Uhan

kapa

Kapa

vješalica

Obešalnik

šešir

Klobuk

kravata

Kravata

patent zatvarač

Zadrga

kaciga

Čelada

naramenice

Naramnice

školska uniforma

Šolska uniforma

uniforma

Uniforma

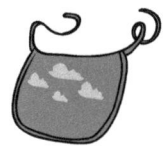

podbradak

Slinček

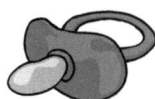

duda

Duda

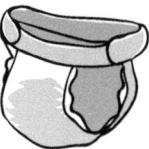

pelena

Plenica

ured
Pisarna

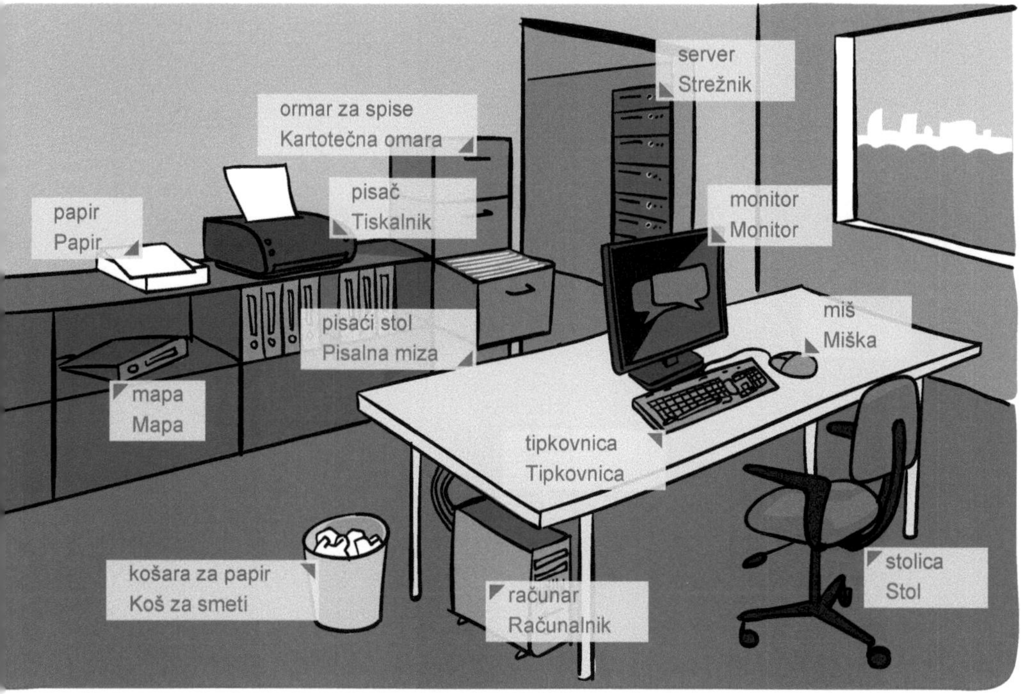

server
Strežnik
ormar za spise
Kartotečna omara
pisač
Tiskalnik
papir
Papir
monitor
Monitor
miš
Miška
pisaći stol
Pisalna miza
mapa
Mapa
tipkovnica
Tipkovnica
košara za papir
Koš za smeti
računar
Računalnik
stolica
Stol

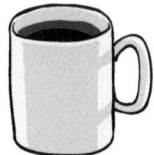

šalica za kavu

Lonček za kavo

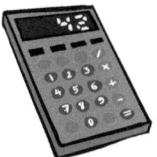

kalkulator

Kalkulator

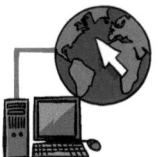

internet

Internet

laptop

Prenosnik

pismo

Pismo

poruka

Sporočilo

mobilni telefon

Mobilnik

mreža

Omrežje

uređaj za kopiranje

Kopirni stroj

softver

Programska oprema

telefon

Telefon

utičnica

Vtičnica

faks

Telefaks

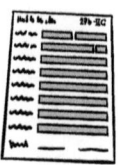

obrazac

Obrazec

dokument

Dokument

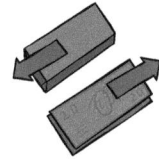

kupovati
Kupiti

platiti
Plačati

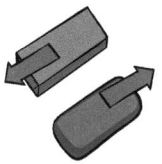

trgovati
Trgovati

novac
Denar

dolar
Dolar

euro
Evro

jen
Jen

rubalj
Rubelj

švicarski franak
Švičarski frank

renmindbi yuan
Kitajski juan renminbi

rupija
Rupija

automat za novac
Bankomat

mjenjačnica

Menjalnica

zlato

Zlato

srebro

Srebro

nafta

Nafta

energija

Energija

cijena

Cena

ugovor

Pogodba

porez

Davek

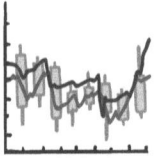

dionica

Delnice

raditi

Delati

službenik

Delojemalec

poslodavac

Delodajalec

tvornica

Tovarna

prodavaonica

Trgovina

zanimanja
Poklici

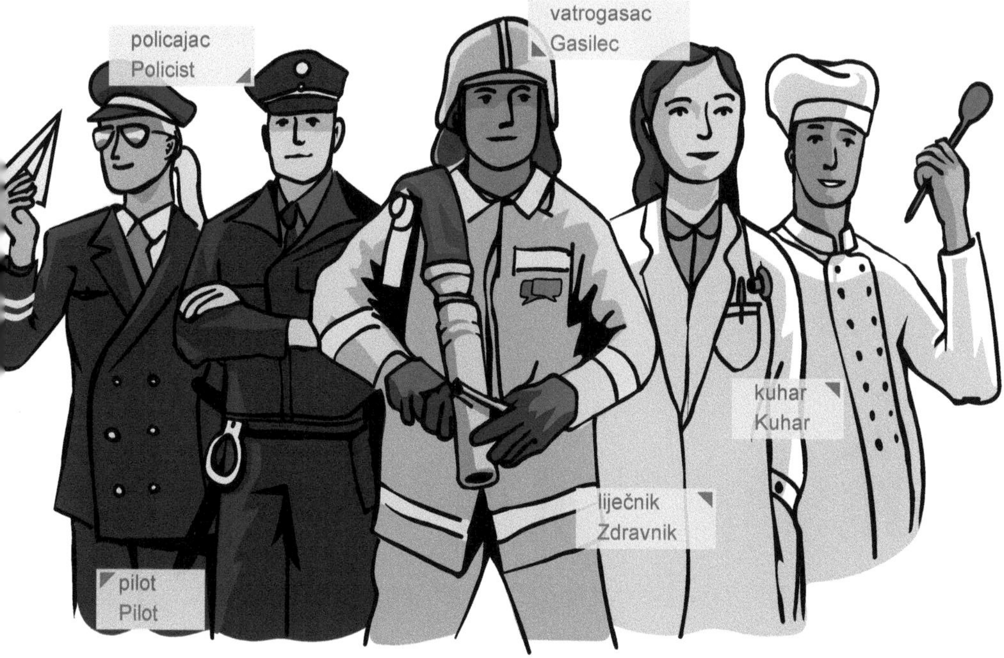
policajac
Policist
vatrogasac
Gasilec
kuhar
Kuhar
liječnik
Zdravnik
pilot
Pilot

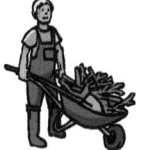

vrtlar

Vrtnar

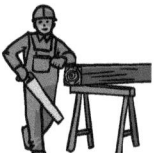

stolar

Mizar

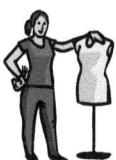

krojačica

Šivilja

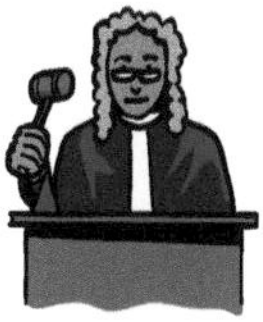

sudija

Sodnik

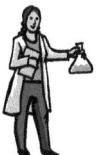

kemičar

Kemik

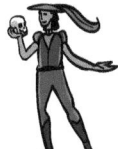

glumac

Igralec

vozač autobusa

Voznik avtobusa

vozač taksija

Taksist

ribar

Ribič

čistačica

Čistilka

krovopokrivač

Krovec

konobar

Natakar

lovac

Lovec

slikar

Pleskar

pekar

Pek

električar

Električar

građevinski radnik

Gradbenik

inženjer

Inženir

mesar

Mesar

limar

Vodovodni inštalater

poštar

Poštar

vojnik

Vojak

arhitekta

Arhitekt

blagajnik

Blagajnik

cvjećar

Cvetličar

frizer

Frizer

kondukter

Sprevodnik

mehaničar

Mehanik

kapetan

Kapitan

zubar

Zobozdravnik

znanstvenik

Znanstvenik

rabi

Rabin

imam

Imam

monah

Menih

svećenik

Duhovnik

alati
Orodje

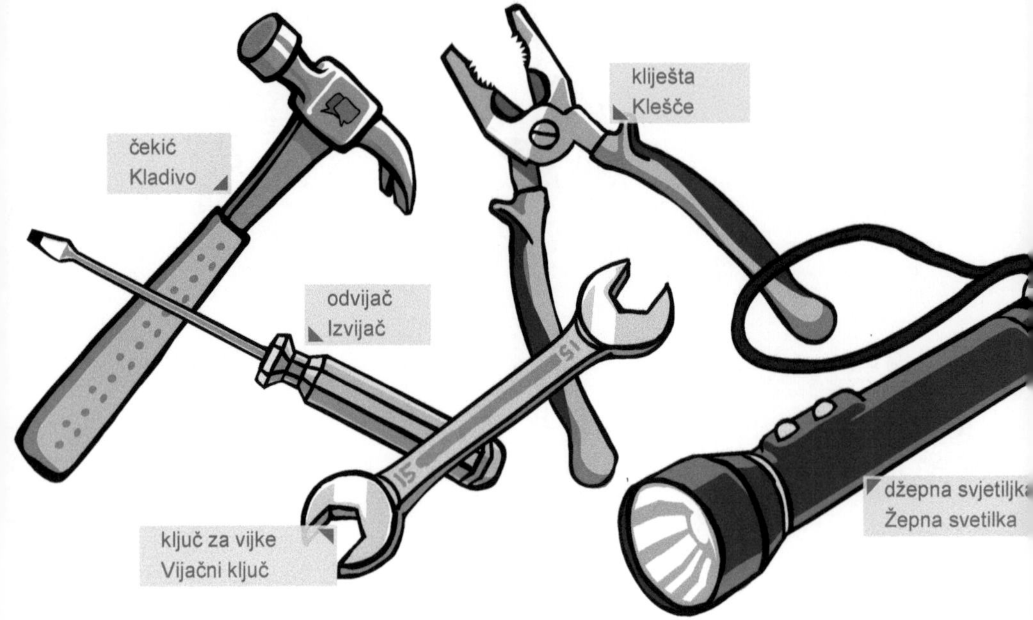

čekić
Kladivo
kliješta
Klešče
odvijač
Izvijač
ključ za vijke
Vijačni ključ
džepna svjetiljk
Žepna svetilka

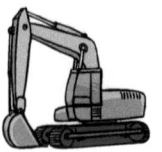

rovokopač

Bager

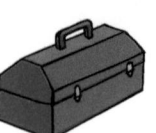

kutija za alat

Zaboj z orodjem

ljestve

Lestev

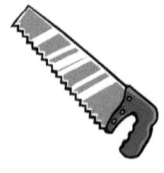

pila

Žaga

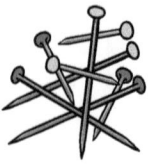

ekser

Žeblji

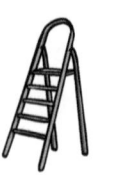

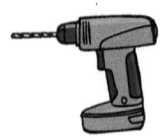

bušilica

Vrtalnik

popraviti

Popraviti

lopata

Lopata

Sranje!

Šment!

lopatica

Smetišnica

lonac za boju

Posoda z barvo

vijci

Vijaki

glazbeni instrument
Glasbeni instrument

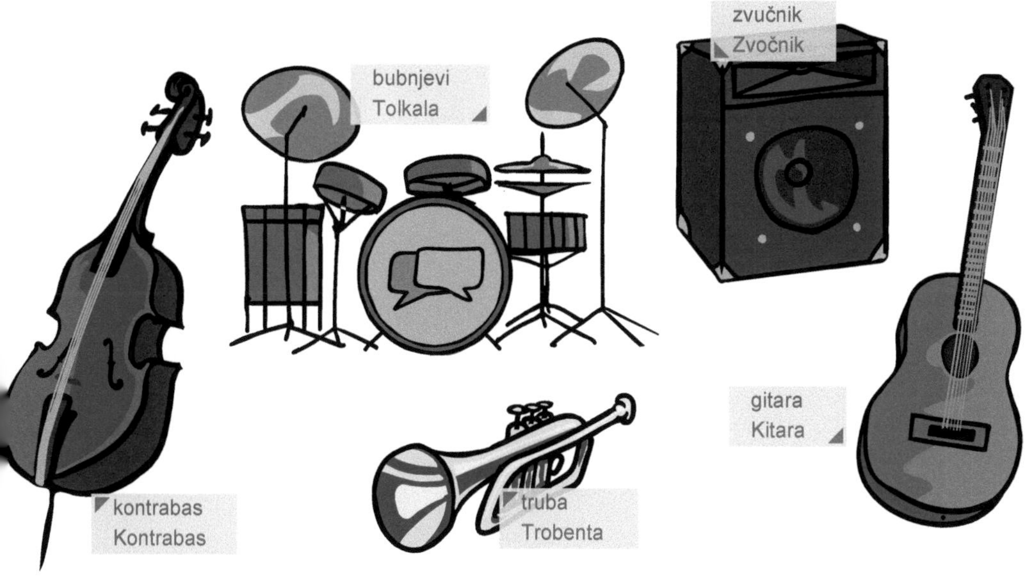

zvučnik
Zvočnik

bubnjevi
Tolkala

kontrabas
Kontrabas

truba
Trobenta

gitara
Kitara

klavir

Klavir

violina

Violina

bas

Bas kitara

timpani

Pavke

udaraljke za bubnjeve

Bobni

keyboard

Sintetizator

saksofon

Saksofon

flauta

Flavta

mikrofon

Mikrofon

zoološki vrt
Živalski vrt

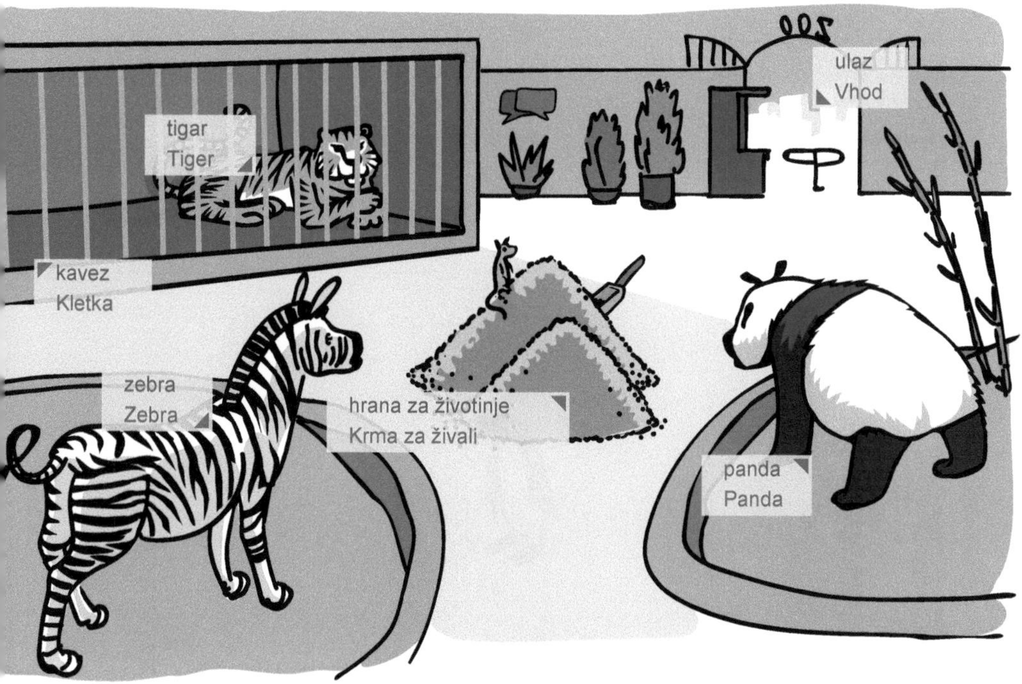

tigar
Tiger
ulaz
Vhod
kavez
Kletka
zebra
Zebra
hrana za životinje
Krma za živali
panda
Panda

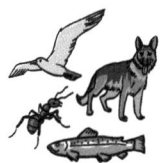

životinje

Živali

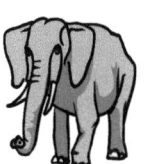

slon

Slon

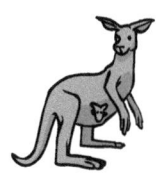

kengur

Kenguru

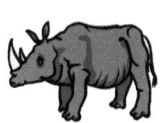

nosorog

Nosorog

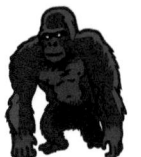

gorila

Gorila

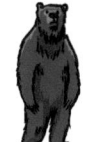

medvjed

Medved

kamila

Kamela

noj

Noj

lav

Lev

majmun

Opica

flamingo

Plamenec

papagaj

Papagaj

polarni medvjed

Severni medved

pingvin

Pingvin

ajkula

Morski pes

paun

Pav

zmija

Kača

krokodil

Krokodil

čuvar u zoološkom vrtu

Oskrbnik v živalskem vrtu

tuljan

Tjulenj

jaguar

Jaguar

zoološki vrt - Živalski vrt

poni
Poni

leopard
Leopard

nilski konj
Povodni konj

žirafa
Žirafa

orao
Orel

divlja svinja
Divji prašič

riba
Riba

kornjača
Želva

morž
Mrož

lisica
Lisica

gazela
Gazela

američki nogomet
Ameriški nogomet

biciklizam
Kolesarjenje

tenis
Tenis

košarka
Košarka

plivanje
Plavanje

boks
Boks

hockey na ledu
Hokej

nogomet
Nogomet

badminton
Badminton

atletika
Atletika

rukomet
Rokomet

skijanje
Smučanje

polo
Polo

aktivnosti
Dejavnosti

smijati se
Smejati se
skočiti
Skočiti
zagrliti
Objeti
ići
Hoditi
pjevati
Peti
sanjati
Sanjati
moliti se
Moliti
poljubiti
Poljubiti

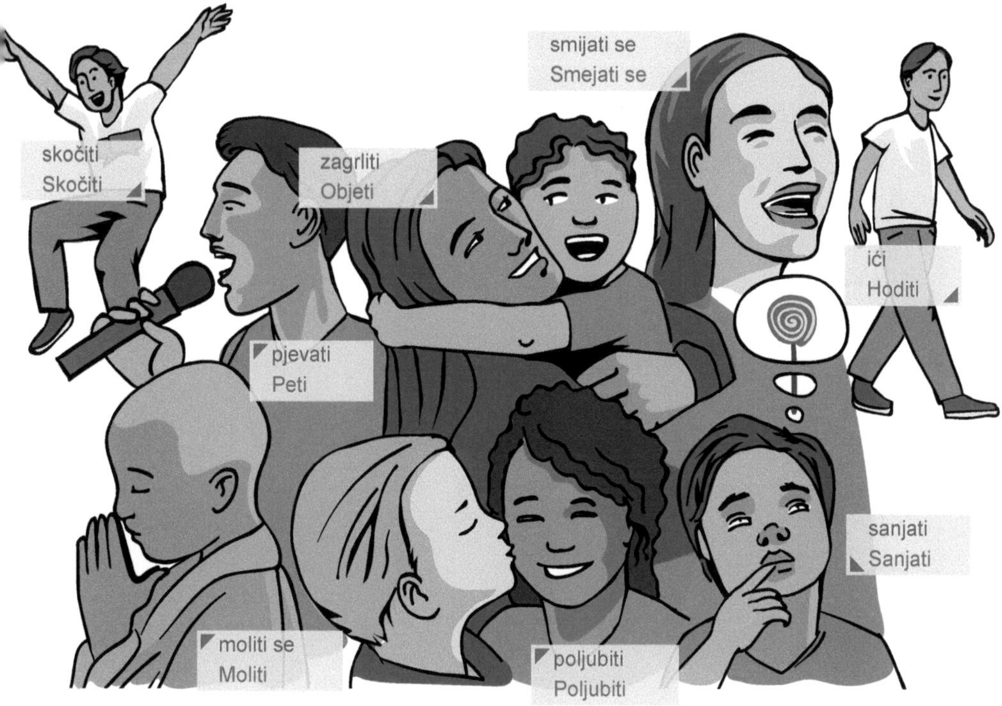

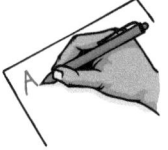

pisati
Pisati

crtati
Risati

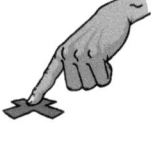

pokazati
Pokazati

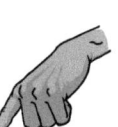

gurati
Potisniti

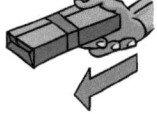

dati
Dati

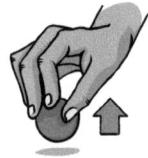

uzeti
Vzeti

imati
....
Imeti

činiti
....
Narediti

biti
....
Biti

stojati
....
Stati

trčati
....
Teči

povlačiti
....
Vleči

baciti
....
Vreči

padati
....
Pasti

ležati
....
Ležati

čekati
....
Čakati

nositi
....
Nositi

sjediti
....
Sedeti

oblačiti
....
Obleči se

spavati
....
Spati

probuditi se
....
Zbuditi se

gledati

Gledati

plakati

Jokati

milovati

Božati

češljati

Česati se

govoriti

Govoriti

razumjeti

Razumeti

pitati

Vprašati

slušati

Poslušati

piti

Piti

jesti

Jesti

pospremiti

Pospraviti

voljeti

Ljubiti

kuhati

Kuhati

voziti

Voziti

letjeti

Leteti

ploviti

Jadrati

računati

Računanje

čitati

Brati

učiti

Učiti se

raditi

Delati

vjenčati se

Poročiti se

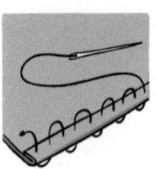

šiti

Šivati

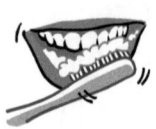

prati zube

Ščetkati si zobe

ubiti

Ubiti

pušiti

Kaditi

poslati

Poslati

baka
Stara mati

djed
Stari oče

otac
Oče

majka
Mati

beba
Dojenček

kćerka
Hči

sin
Sin

gost
....
Gost

tetka
....
Teta

ujak, stric
....
Stric

brat
....
Brat

sestra
....
Sestra

tijelo

Telo

čelo
Čelo
oko
Oko
rame
Rama
prst
Prst
lice
Obraz
brada
Brada
ruka
Dlan
noga
Noga
grudi
Prsi
ruka
Roka

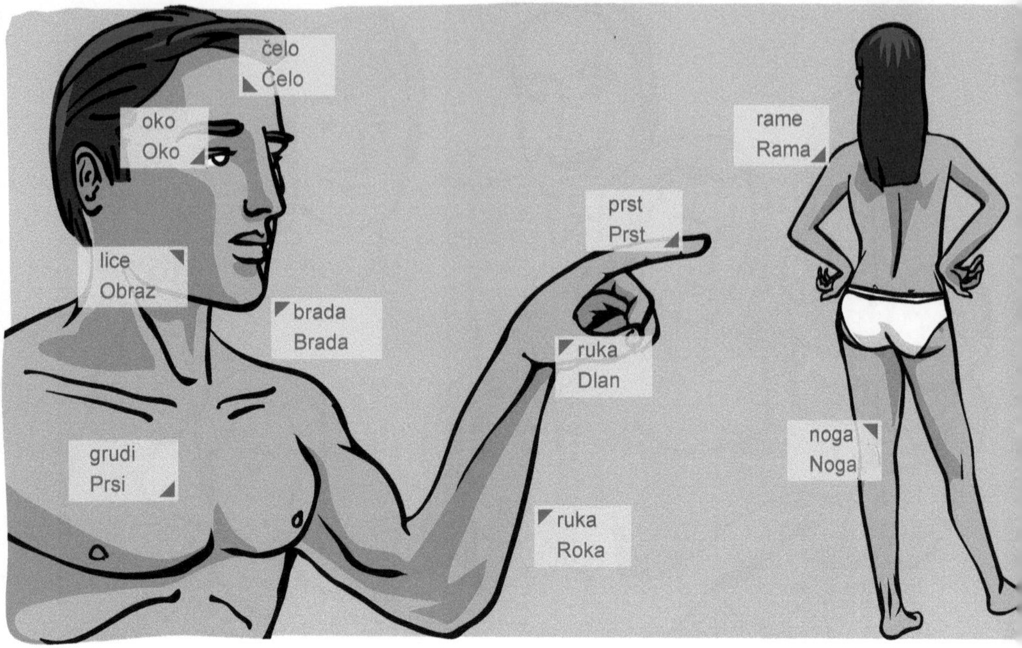

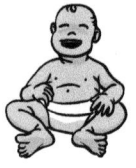

beba

Dojenček

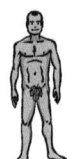

muškarac

Človek

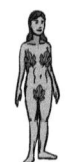

žena

Ženska

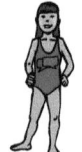

djevojčica

Dekle

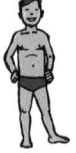

dječak

Fant

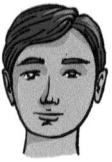

glava

Glava

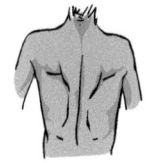

leđa
....
Hrbet

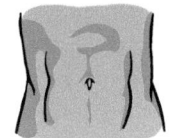

trbuh
....
Trebuh

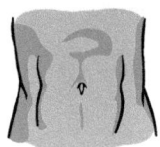

pupak
....
Popek

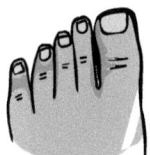

nožni prst
....
Prst na nogi

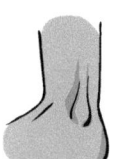

peta
....
Peta

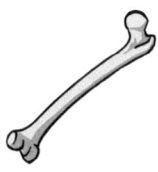

kost
....
Kost

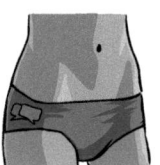

kuk
....
Kolk

koljeno
....
Koleno

lakat
....
Komolec

nos
....
Nos

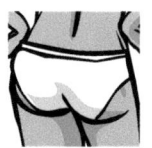

stražnjica
....
Zadnjica

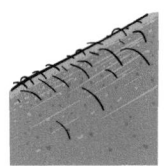

koža
....
Koža

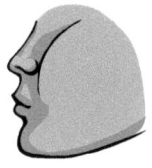

obraz
....
Lice

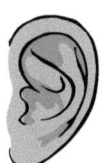

uho
....
Uho

usna
....
Ustnica

usta

Usta

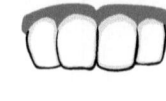

zub

Zob

jezik

Jezik

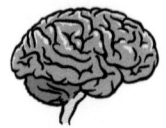

mozak

Možgani

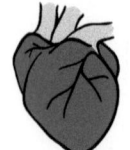

srce

Srce

mišić

Mišica

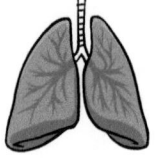

pluća

Pljuča

jetra

Jetra

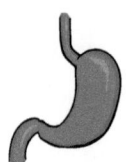

želudac

Želodec

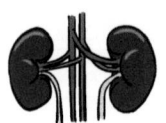

bubrezi

Ledvice

snošaj

Spolni odnos

kondom

Kondom

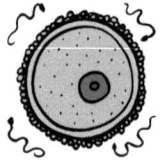

jajna stanica

Jajčece

sperma

Semenska tekočina

trudnoća

Nosečnost

tijelo - Telo

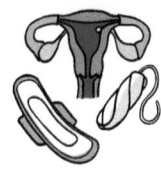

menstruacija

Menstruacija

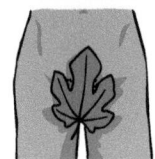

vagina

Vagina

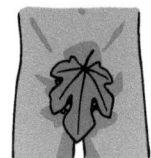

penis

Penis

obrva

Obrv

kosa

Lasje

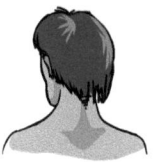

vrat

Vrat

bolnica
Bolnišnica

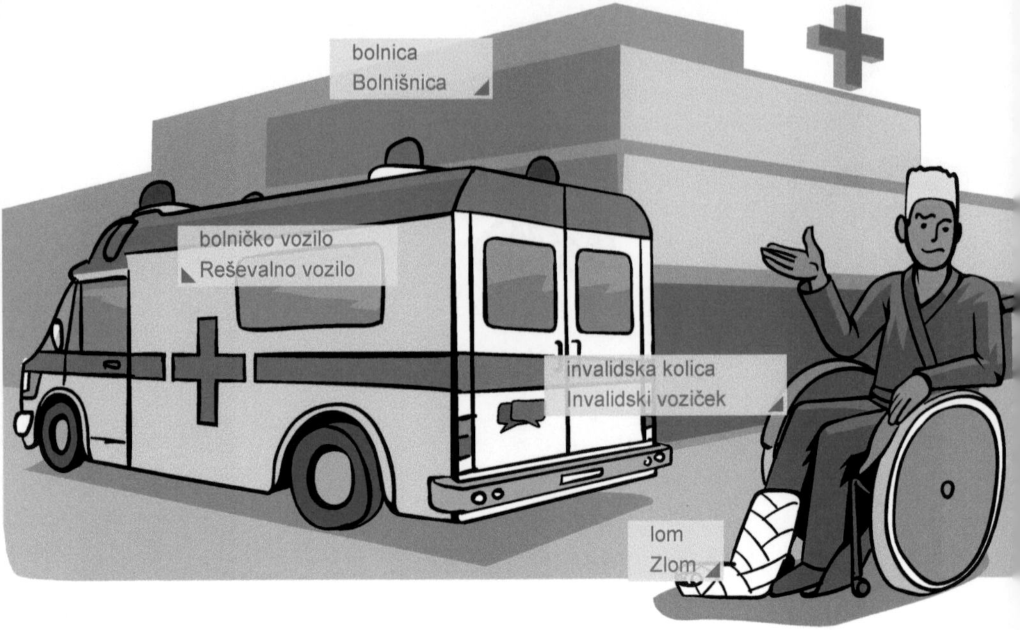

bolnica
Bolnišnica
bolničko vozilo
Reševalno vozilo
invalidska kolica
Invalidski voziček
lom
Zlom

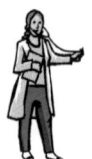

liječnik

Zdravnik

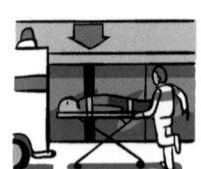

hitna medicinska služba

Urgenca

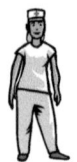

medicinska sestra

Medicinska sestra

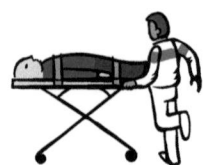

hitni slučaj

Nujni primer

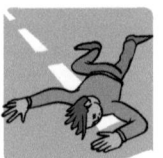

nesvijest

Nezavesten

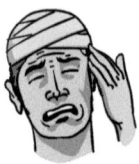

bol

Bolečina

ozljeda

Poškodba

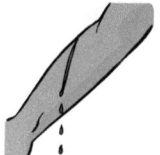

krvarenje

Krvavenje

srćani infarkt

Srčni infarkt

moždani udar

Kap

alergija

Alergija

kašalj

Kašelj

groznica

Vročina

gripa

Gripa

proljev

Driska

glavobolja

Glavobol

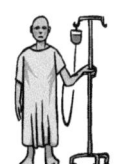

rak

Rak

dijabetes

Sladkorna bolezen

kirurg

Kirurg

skalpel

Skalpel

operacija

Operacija

ct
CT

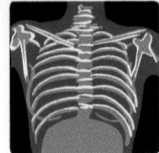

rentgen
Rentgen

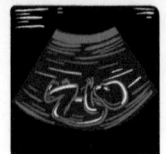

ultrazvuk
Ultrazvok

maska
Obrazna maska

bolest
Bolezen

čekaonica
Čakalnica

štaka
Bergla

flaster
Obliž

zavoj
Preveza

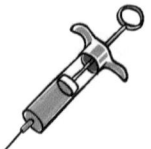

injekcija
Injekcija

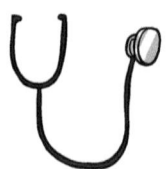

stetoskop
Stetoskop

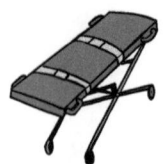

nosilo
Nosila

termometar
Klinični termometer

rođenje
Porod

prekomjerna težina
Prekomerna teža

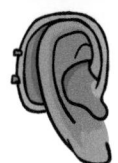

slušni aparat

Slušni pripomoček

sredstvo za dezinfekciju

Razkužilo

infekcija

Okužba

virus

Virus

hiv / sida

HIV / AIDS

medicina

Medicina

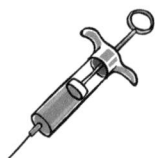

vakcinacija

Cepljenje

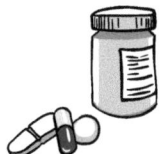

tablete

Tablete

pilula

Tableta

poziv u pomoć

Klic v sili

uređaj za mjerenje tlaka

Merilnik krvnega tlaka

bolesno / zdravo

bolano / zdravo

bolnica - Bolnišnica

pomoć!

Na pomoč!

alarm

Alarm

nasrtaj

Napad

napad

Napad

opasnost

Nevarnost

izlaz za nuždu

Izhod v sili

požar!

Gori!

vatrogasni aparat

Gasilni aparat

nezgoda

Nezgoda

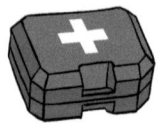

kofer prve pomoći

Komplet za prvo pomoč

sos

SOS

policija

Policija

Europa

Evropa

sjeverna amerika

Severna Amerika

južna amerika

Južna Amerika

Afrika

Afrika

Azija

Azija

Australija

Avstralija

Atlantik

Atlantski ocean

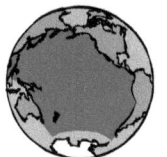

Pacifik

Tihi ocean

ocean

Indijski ocean

antarktički ocean

Južni ocean

arktički ocean

Arktični ocean

sjeverni pol

Severni tečaj

južni pol

Južni tečaj

Antarktik

Antarktika

zemlja

Zemlja

zemlja

Kopno

more

Morje

otok

Otok

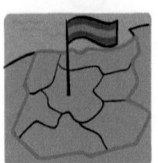

nacija

Narod

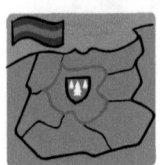

država

Država

brojčanik sata

Številčnica

satna kazaljka

Urni kazalec

minutna kazaljka

Minutni kazalec

sekundna kazaljka

Sekundni kazalec

Koliko je sati?

Koliko je ura?

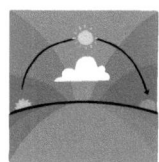

dan

Dan

vrijeme

Čas

sada

Zdaj

digitalni sat

Digitalna ura

minuta

Minuta

sat

Ura

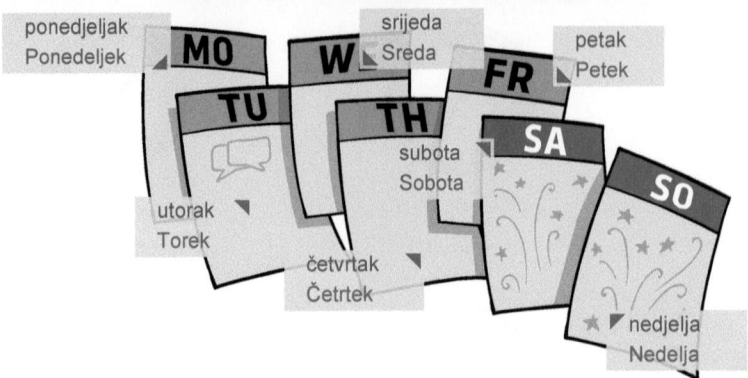

ponedjeljak
Ponedeljek

srijeda
Sreda

petak
Petek

utorak
Torek

subota
Sobota

četvrtak
Četrtek

nedjelja
Nedelja

jučer

Včeraj

danas

Danes

sutra

Jutri

jutro

Jutro

podne

Poldne

večer

Večer

MO	TU	WE	TH	FR	SA	SU
1	2	3	4	5	6	7
8	9	10	11	12	13	14
15	16	17	18	19	20	21
22	23	24	25	26	27	28
29	30	31	1	2	3	4

radni dani

Delovni dnevi

MO	TU	WE	TH	FR	SA	SU
1	2	3	4	5	6	7
8	9	10	11	12	13	14
15	16	17	18	19	20	21
22	23	24	25	26	27	28
29	30	31	1	2	3	4

vikend

Konec tedna

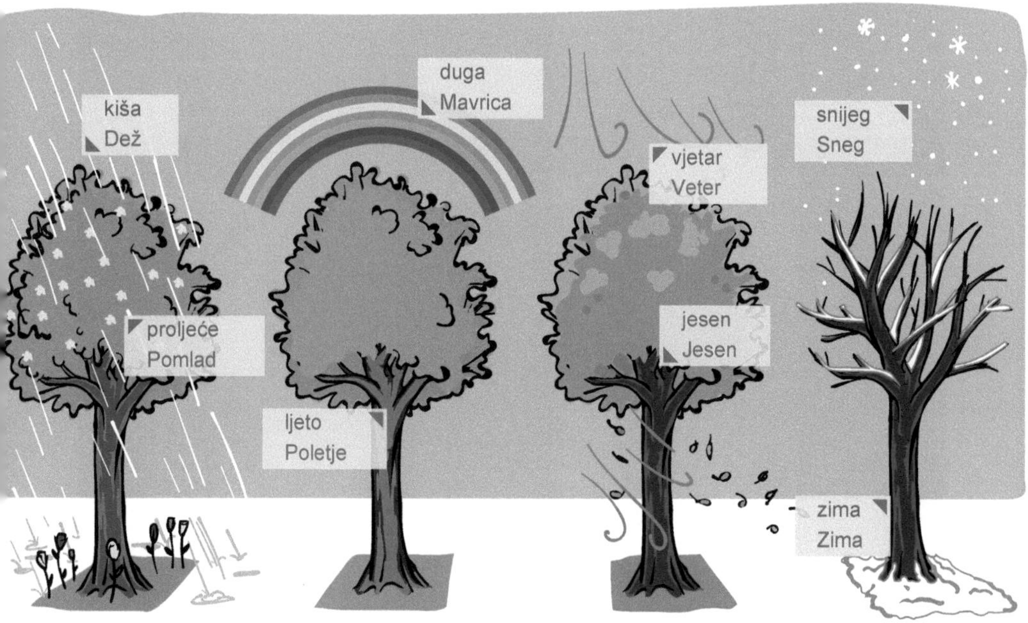

kiša
Dež

duga
Mavrica

vjetar
Veter

snijeg
Sneg

proljeće
Pomlad

jesen
Jesen

ljeto
Poletje

zima
Zima

4.APRIL	11°	☀
5.APRIL	4°	☁
6.APRIL	13°	☂
7.APRIL	8°	☀
8.APRIL	10°	☀

meteorološka prognoza

Vremenska napoved

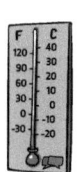

termometar

Termometer

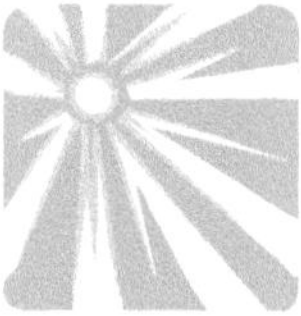

sunčana svjetlost

Sončna svetloba

oblak

Oblak

magla

Megla

vlažnost zraka

Vlažnost

munja
Strela

grmljavina
Grom

oluja
Nevihta

tuča
Toča

monsun
Monsun

poplava
Poplava

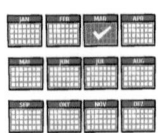

led
Led

siječanj
Januar

veljača
Februar

ožujak
Marec

travanj
April

svibanj
Maj

lipanj
Junij

srpanj
Julij

kolovoz
Avgust

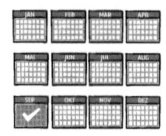

rujan
....
September

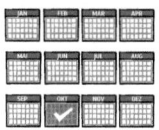

listopad
....
Oktober

studeni
....
November

prosinac
....
December

oblici

Oblike

krug
....
Krogla

kvadrat
....
Kvadrat

pravokutnik
....
Pravokotnik

trokut
....
Trikotnik

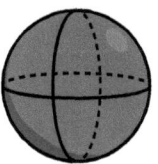

kugla
....
Krogla

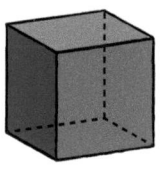

kocka
....
Kocka

bijela
....
Bela

žuta
....
Rumena

narančasta
....
Oranžna

ružičasta
....
Rožnata

crvena
....
Rdeča

ljubičasta
....
Vijolična

plava
....
Modra

zelena
....
Zelena

smeđa
....
Rjava

siva
....
Siva

crna
....
Črna

mnogo / malo

veliko / malo

ljutito / mirno

jezno / umirjeno

lijepo / ružno

lepo / grdo

početak / kraj

začetek / konec

veliko / maleno

veliko / majhno

svijetlo / tamno

svetlo / temno

brat / sestra

brat / sestra

čisto / prljavo

čisto / umazano

potpuno / nepotpuno

popolno / nepopolno

dan / noć

dan / noč

mrtvo / živo

mrtvo / živo

široko / usko

široko / ozko

jestivo / nejestivo

užitno / neužitno

zlo / dobro

zlobno / prijazno

uzbuđeno / dosadno

vznemirjeno / zdolgočaseno

debelo / mršavo

debelo / vitko

na početku / na kraju

prvo / zadnje

prijatelj / neprijatelj

prijatelj / sovražnik

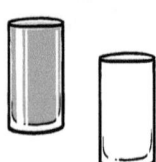

puno / prazno

polno / prazno

tvrdo / mekano

trdo / mehko

teško / lagano

težko / lahko

glad / žeđ

lakota / žeja

bolesno / zdravo

bolano / zdravo

ilegalno / legalno

nezakonito / zakonito

pametno / glupo

pametno / neumno

lijevo / desno

levo / desno

blizu / daleko

blizu / daleč

novo / rabljeno
novo / rabljeno

ništa / nešto
nič / nekaj

staro / mlado
staro / mlado

uključeno / isključeno
vklopljeno / izklopljeno

otvoreno / zatvoreno
odprto / zaprto

tiho / glasno
tiho / glasno

bogato / siromašno
bogato / revno

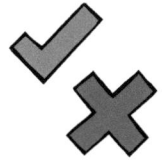

točno / pogrešno
prav / narobe

hrapavo / glatko
grobo / gladko

tužno / sretno
žalostno / veselo

kratko / dugo
kratko / dolgo

polako / brzo
počasi / hitro

mokro / suho
mokro / suho

toplo / hladno
toplo / hladno

rat / mir
vojna / mir

0

nula

Ničla

1

jedan

Ena

2

dva

Dva

3

tri

Tri

4

četiri

Štiri

5

pet

Pet

6

šest

Šest

7

sedam

Sedem

8

osam

Osem

9

devet

Devet

10

deset

Deset

11

jedanaest

Enajst

12

dvanaest

Dvanajst

13

trinaest

Trinajst

14

četrnaest

Štirinajst

15

petnaest

Petnajst

16

šestnaest

Šestnajst

17

sedamnaest

Sedemnajst

18

osamnaest

Osemnajst

19

devetnaest

Devetnajst

20

dvadeset

Dvajset

100

stotinu

Sto

1.000

tisuću

Tisoč

1.000.000

milijun

Milijon

engleski
Angleščina

američko engleski
Ameriška angleščina

kinesko mandarinski
Mandarinščina

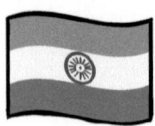

hindi
Hindujščina

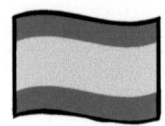

španjolski
Španščina

francuski
Francoščina

arapski
Arabščina

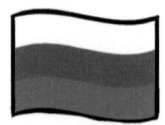

ruski
Ruščina

portugalski
Portugalščina

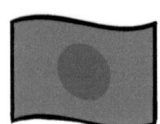

bengalski
Bengalščina

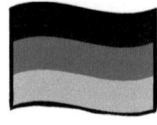

njemački
Nemščina

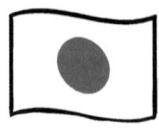

japanski
Japonščina

ja
....
Jaz

ti
....
Ti

on / ona / ono
....
On / ona / tisto

mi
....
Mi

vi
....
Vi

oni
....
Oni

tko?
....
Kdo?

što?
....
Kaj?

kako?
....
Kako?

gdje?
....
Kje?

kada?
....
Kdaj?

ime
....
Ime

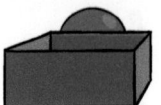

iza

Zadaj

u

V

ispred

Pred

preko

Nad

na

Na

ispod

Pod

pored

Poleg

između

Med

mjesto

Kraj